Der Räuber Hotzenplotz

Außerdem in der Reihe *Kleine Lesehelden* erschienen:

Otfried Preußler, *Die kleine Hexe*
Sabine Bohlmann, *Der kleine Siebenschläfer kommt in die Schule*
Ralph Caspers, *Milla und die sehr gefräßige Schule*

Preußler, Otfried · Ruyters, Judith · Saleina, Thorsten:
Kleine Lesehelden – Der Räuber Hotzenplotz
ISBN 978 3 522 18593 6

Wir danken unserem Lehrerinnen-Kompetenzteam:
V. Ammann, M. Caesar, B. Ellmann-Niesche und B. Knudsen

Text: Otfried Preußler, bearbeitet von Judith Ruyters
Gesamtausstattung: Thorsten Saleina, nach Motiven von F. J. Tripp
Rätselideen: Sandra Ladwig
Einbandtypografie und Reihengestaltung: formlabor
Innentypografie: Bettina Wahl
Reproduktion: HKS-artmedia, Ostfildern
Druck und Bindung: Livonia Print, Riga

in der Thienemann-Esslinger Verlag GmbH
Blumenstraße 36, 70182 Stuttgart
Bei Fragen zum Produkt: service@thienemann.de

8. Auflage 2026

www.thienemann.de
www.preussler.de

Otfried Preußler

DER RÄUBER HOTZENPLOTZ

Mit Bildern von Thorsten Saleina
nach Motiven von F. J. Tripp

Thienemann

Wer alles mitmacht:

Der Räuber Hotzenplotz ist ein ganz schön übler Schurke! Er wird sogar von der Polizei gefürchtet.

Großmutter backt den weltbesten Pflaumenkuchen und liebt ihre Kaffeemühle über alles.

Die Fee Amaryllis wurde von Petrosilius Zwackelmann verzaubert.

Kasperl und Seppel sind beste Freunde. Sie helfen mit, den Räuber Hotzenplotz zu fangen.

Petrosilius Zwackelmann ist ein großer, böser Zauberer und ein alter Freund vom Räuber Hotzenplotz.

Wachtmeister Dimpfelmoser ist der Dorfpolizist. Er will den Räuber Hotzenplotz fangen, aber das ist gar nicht so einfach.

1. Her mit dem Ding!

Die Sonne scheint. Großmutter sitzt auf der Bank vor dem Haus. Sie mahlt Kaffee mit ihrer Kaffeemühle. Kasperl und sein Freund Seppel haben sie selbst gebaut.
Wenn man an der Kurbel dreht, erklingt die Melodie von *Alles neu macht der Mai.*
Das ist Großmutters Lieblingslied.

Plötzlich springt ein Mann hinter den Sträuchern hervor. Sein Bart ist schwarz und struppig. In seinem Gürtel stecken sieben Messer. Er ruft: „Her mit dem Ding da!"
In der einen Hand hält er eine Pistole. Mit der anderen Hand zeigt er auf die Kaffeemühle.
„Was erlauben Sie sich!", schimpft die Großmutter.

Da fällt ihr Blick auf den Gürtel um seinen Bauch. „Sind Sie etwa der Räuber Hotzenplotz?“
„Der bin ich!“, knurrt der Mann. „Und jetzt machen Sie keine Geschichten!“
Er hebt die Pistole.
Da muss Großmutter ihm die Kaffeemühle geben.
Was soll sie auch sonst tun? Alle haben Angst vor dem Räuber, sogar der Wachtmeister Dimpfelmoser.
Und der ist von der Polizei!
„Sie zählen jetzt langsam bis 999“, befiehlt Hotzenplotz. „Danach dürfen Sie um Hilfe rufen. Aber nicht früher!“
Dann macht er sich davon.

Rätsel

Potzblitz, gleich vier Räuber!
Aber nur einer ist der echte Räuber Hotzenplotz.
Welcher ist es?

1

2

3

4

2. Der Polizei muss geholfen werden

Kasperl und Seppel kommen vom Einkaufen.

„Haben wir wirklich alles?“, fragt Seppel.

„Alles, was Großmutter zum Backen braucht“, antwortet Kasperl.

Morgen ist nämlich Sonntag. Da gibt es Pflaumenkuchen mit Schlagsahne.

„Ach, wäre ich doch der Kaiser von Konstantinopel!“, sagt Kasperl.

„Wieso?“, fragt Seppel.

„Dann könnte ich jeden Tag Pflaumenkuchen essen – nicht nur sonntags!“

„Isst der Kaiser von Konstantinopel jeden Tag Pflaumenkuchen?"
„Keine Ahnung. Aber wenn ich der Kaiser von Konstantinopel wäre ...", fängt Kasperl an.
„H I L F E!"
„Ist das etwa Großmutter, die da so schreit?", fragt Seppel.
Aber Kasperl rennt schon los und Seppel läuft hinterher.

An der Gartentür stoßen sie mit dem Wachtmeister Dimpfelmoser zusammen.
„Passt doch auf!“, schimpft er. „Das ist ein Polizei-Einsatz.“
Die Großmutter liegt auf dem Rasen vor der Bank.
„Oh weh“, ruft Seppel. „Sie ist in Ohnmacht gefallen!“
Kasperl spritzt ihr Wasser ins Gesicht. Da wacht sie wieder auf.
„Ich bin beraubt worden, vom Räuber Hotzenplotz!“, ruft sie.

Der Wachtmeister schlägt sein Notizbuch auf: „Schön der Reihe nach. Ich muss alles zu Protokoll nehmen."

„Bekomme ich meine Kaffeemühle zurück?", fragt Großmutter.

„Sicher, wenn wir den Räuber endlich verhaften. Er führt die Polizei schon lange an der Nase herum. Ich fürchte, ohne die Hilfe der Bevölkerung ..."

„Der Be-vö-was?", ruft Seppel.

„Bevölkerung. Damit sind alle gemeint, auch wir", erklärt Kasperl. „Was meinst du, Seppel? Sollen wir der Polizei helfen?"

„Klar!", sagt Seppel. „Der Polizei muss geholfen werden."

Rätsel

Wie wollen Kasperl und Seppel der Polizei helfen?
Finde das Lösungswort, indem du die richtigen Silben zusammensetzt.

FAN SEN KLAU

KÜS CHEN LEN

BE EN SU

MA GEN

Antwort: Sie wollen den
Räuber Hotzenplotz _ _ _ _ _ _.

3. Vorsicht, Gold!

Den ganzen Sonntag denken Kasperl und Seppel angestrengt nach. Sie wollen den Räuber Hotzenplotz fangen. Dafür müssen sie herausfinden, wo sein Versteck ist. Aber wie?

Endlich am Nachmittag springt Kasperl auf: „Ich hab's!"

„Was denn?", fragt Seppel.

„Du wirst schon sehen", sagt Kasperl. Dann zieht er Seppel hinter sich her in den Keller. Dort steht eine große Holzkiste. Die tragen sie in den Garten und schaufeln Sand hinein.

„Und jetzt?", fragt Seppel.

Kasperl legt den Deckel auf die Kiste.
„Den müssen wir festnageln.“
Seppel nimmt den Hammer. Und haut sich erst einmal auf den Daumen.
„Autsch, das tut weh!“
Aber er nagelt trotzdem weiter.
Kasperl rührt in einem Eimer rote Farbe an.

Mit einem dicken Pinsel schreibt er VORSICHT, GOLD! auf die Kiste.
„Nun kommt das Wichtigste“, sagt er.
Dann bohrt er ein kleines Loch in das Holz.
Gemeinsam heben sie die Kiste auf einen Handwagen.
„Der ganze Sand rieselt doch heraus!“, ruft Seppel.
Schnell steckt Kasperl ein Streichholz in das Loch. „Jetzt rieselt nichts mehr“, sagt er fröhlich.
„Und wie willst du den Räuber Hotzenplotz nun fangen?“, fragt Seppel.
„Ganz einfach“, sagt Kasperl. „Wir stellen ihm eine Falle.“

Rätsel

Was schreiben Kasperl und Seppel auf die Kiste?
Bringe die Buchstaben in die
richtige Reihenfolge.

4. Auf der Lauer

Der Räuber Hotzenplotz nimmt es mit seinem Beruf sehr genau. Jeden Morgen um halb acht geht er an die Arbeit. Auch heute liegt er schon früh am Waldrand auf der Lauer.
Doch nichts passiert.
„Schlechte Zeiten!“, schimpft er. „Bald muss ich einen neuen Beruf lernen!“
Da hört er Schritte. Schnell schaut er durch sein Fernrohr.
„Eine rote Zipfelmütze ... der Kasperl also ...“, murmelt er in seinen Bart.
Kurz darauf sieht er einen grünen Hut.
„Aha, und der Seppel natürlich!“

Die beiden machen alles zusammen.
Das weiß sogar der Räuber
Hotzenplotz.
„Aber was ziehen die da hinter sich
her?“ Er schwenkt mit dem Fernrohr
auf den Handwagen mit der Kiste.
„Vorsicht, Gold!“, liest er.
So ein Räuberglück!
Mit einem Satz springt er auf die
Straße. „Hände hoch! Oder ich schieße!“
Kasperl und Seppel lassen den
Handwagen los.

Blitzschnell zieht Kasperl das Streichholz aus der Kiste. Und schon laufen die beiden davon.
„Haut nur ab, ihr Angsthasen!“ Der Räuber Hotzenplotz hält sich den Bauch vor Lachen.
Dann lädt er sich die schwere Kiste auf den Rücken.
„Da muss ja eine Menge Gold drin sein“, denkt er.

Mit großen Schritten trägt er die Beute in sein Versteck. Er merkt gar nicht, dass die Kiste unterwegs immer leichter wird.
In seiner Räuberhöhle zieht er sofort alle Nägel aus dem Holz. Endlich kann er den Deckel öffnen.
„Potzblitz! Nur ein bisschen Sand!“, schimpft er.
Vor lauter Wut haut er die Kiste in Stücke und rennt hinaus. Gleich vor dem Eingang der Höhle entdeckt er eine Spur aus Sand.
„So, so“, knurrt der Räuber. „Die beiden Burschen wollen mich aufstöbern. Aber was die können, kann ich schon lange.“

Rätsel

In wie viele Stücke haut der Räuber Hotzenplotz die Kiste? Zähle!

Antwort:

Er haut die Kiste in _ _ Stücke.

5. Hauptsache, gut verkleidet

Kasperl und Seppel kriechen aus ihrem Versteck im Gebüsch.
Kasperl zeigt auf die Sandspur.
„Komm, jetzt fangen wir den Räuber Hotzenplotz!“, ruft er.
Aber Seppel hält ihn fest. „Wir müssen uns erst verkleiden!“
„Verkleiden? Wieso?“, fragt Kasperl.
„Hotzenplotz darf uns auf keinen Fall erkennen!“, erklärt Seppel.
„Stimmt. Aber womit sollen wir uns verkleiden?“, fragt Kasperl.
„Ich leihe dir meinen grünen Hut und bekomme dafür deine rote Zipfelmütze!“, sagt Seppel.

Der Seppel-Hut ist Kasperl viel zu groß. Er rutscht ihm über die Augen. „Großartig! Man erkennt dich nicht wieder!“, ruft Seppel. „Und wie sehe ich mit deiner Zipfelmütze aus?“
„Zum Schieflachen“, sagt Kasperl.
„Du siehst aus wie eine Vogelscheuche!“
„Dann ist es ja genau richtig!“, sagt Seppel.

Die Sandspur führt sie immer tiefer in den Räuberwald.
Plötzlich bleibt Kasperl stehen.
„Sieh nur, Seppel! Hier teilt sich die Spur."
Seppel beugt sich vor. „Stimmt, die eine führt nach rechts und die andere nach links."
„Kannst du dir das erklären, Seppel?"
„Ja, Kasperl. Eine muss falsch sein, aber welche?"
„Probieren wir es aus. Du, Seppel, gehst nach links. Ich folge der rechten Spur."

Rätsel

Folge den Wegen von Kasperl und Seppel.
Wer kommt wo an?

6. In der Falle

Räuber sind manchmal gar nicht dumm. Hotzenplotz hat die zweite Spur nämlich extra gestreut. „Hoffentlich sind Kasperl und Seppel so blöd und trennen sich“, denkt er. „Dann können sie ihr blaues Wunder erleben!“ Er hockt hinter einem Baum, nicht weit von seiner Höhle. In seiner Pistole steckt zwar keine Kugel, dafür aber eine Ladung Pfeffer. Endlich taucht eine rote Zipfelmütze auf.

„Der Kasperl also“, flüstert Hotzen-
plotz. Er kann ja nicht wissen, dass
es der Seppel ist.
Er zielt mit seiner Pistole und ...
Blitz! Knall! Pulverdampf! Armer
Seppel! Er niest und spuckt
und hustet.
Seine Augen brennen und
beißen vom Pfeffer.
Da ist der Räuber
Hotzenplotz auch schon
bei ihm. Er packt
ihn und wirft
ihn sich über
die Schulter.

Dann trägt er Seppel in die Höhle und kettet ihn fest.
„So, da wären wir. Hallo, Kasperl!“, sagt der Räuber
„Ich bin nicht der Kasperl. Ich bin der Seppel!“, ruft Seppel.
Hotzenplotz grinst: „Natürlich! Und ich bin der Kaiser von Konstantinopel.“
„Ich bin aber wirklich ... “, will Seppel sagen.
Aber der Räuber zischt: „Still! Hör mal!“
Bim – bim – bim – bim.
Neben dem Eingang zur Höhle bimmelt ein Glöckchen.
Hotzenplotz lacht: „Ha! Gerade ist dein Freund in meine Fallgrube geplumpst.“

Kasperl reibt sich den Po.
Zum Glück hat er sich
nichts gebrochen.
Er schaut nach oben.
Allein schafft er es
niemals aus diesem
Loch heraus.
Da hört er Äste knacken
und am Rand der Grube
taucht ein schwarzer,
struppiger Bart auf.
Oh nein! Der Räuber
Hotzenplotz!

„Ich hole dich jetzt da raus. Du willst doch raus, Seppel?", ruft der Räuber in die Grube.
„Ich bin nicht der Seppel", sagt Kasperl. Aber raus will er schon.
An einem Strick lässt Hotzenplotz einen Sack hinunter. „Steig da rein!"
„In den Sack?" Kasperl zögert.
„Jetzt mach schon!", schimpft Hotzenplotz. „Und vergiss deinen Hut nicht!"
Kasperl setzt den Seppel-Hut auf und steigt in den Sack. Hotzenplotz zieht ihn herauf.
„Hab ich dich!", ruft er. Er bindet den Sack fest zu und lädt ihn sich auf den Rücken. Kasperl zappelt und schreit. Aber das hilft ihm nicht.

„Gib endlich auf, Seppel“, sagt der Räuber Hotzenplotz nach einer Weile. „Der Kasperl liegt schon in meiner Höhle an der Kette. Und dich verkaufe ich an meinen Freund Petrosilius Zwackelmann.“

Rätsel

Welchen Beruf hat Petrosilius Zwackelmann?
Kannst du die Geheimschrift lösen?

Antwort: Petrosilius Zwackelmann ist ein

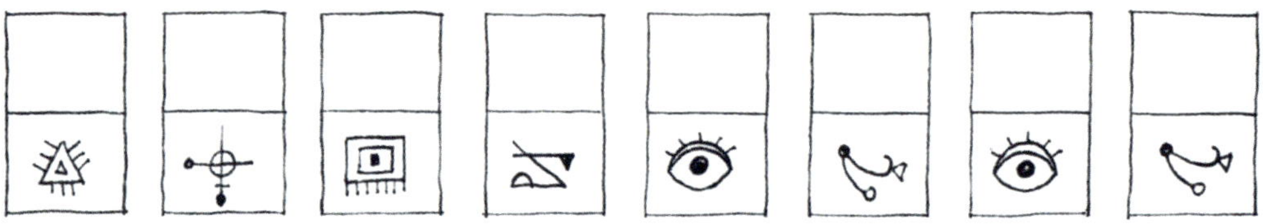

7. Petrosilius Zwackelmann

Der große und böse Zauberer Petrosilius Zwackelmann hockt in seinem Zauberschloss in der Küche. Er schält Kartoffeln und jammert: „Ach, könnte ich doch den Kartoffeln die Schale herunterzaubern!“

Er kann einen Menschen in ein Tier verwandeln. Er kann aus Dreck Gold machen. Aber er kennt keinen Zauber, der ihm das Kartoffelschälen abnimmt.

Er wischt sich den Schweiß von der Stirn. Da klingelt es. Er läuft zum Tor und schiebt den Riegel auf.

„Hotzenplotz, alter Freund! Was führt dich den weiten Weg zu meinem Schloss?“

„Ich will dir ein Geschäft vorschlagen.“

„Ein Geschäft?“, fragt der Zauberer.

„Ja, du gibst mir einen Sack von deinem besten Schnupftabak ...“

Zwackelmann rümpft die Nase. „Was kannst du mir dafür schon bieten?“, fragt er.

„Ich gebe dir den Seppel.“

Hotzenplotz stellt den Sack ab. „Er kann für dich Kartoffeln schälen. So viele Kartoffeln, wie du willst.“

„Ach, das geht nicht!“ Petrosilius Zwackelmann seufzt. „Was, wenn er mich beobachtet und selbst lernt zu zaubern?“

„Der Seppel? Der ist viel zu dumm dazu“, sagt Hotzenplotz und öffnet den Sack.

Zum Vorschein kommt Kasperl. Der Seppel-Hut ist ihm mal wieder über die Augen gerutscht.

„Du meine Güte! Ist der wirklich so dumm, wie er aussieht?“, fragt der große Zauberer.
„Mindestens“, antwortet Hotzenplotz.
„Dann ist ja gut.“ Petrosilius Zwackelmann beugt sich zu Kasperl hinunter.
„Kannst du denn Kartoffeln schälen?“
Kasperl überlegt. Soll er den Dummen spielen? „Natürlich, Herr Schnackelmann“, sagt er.
„Schnackelmann?“, ruft der Zauberer.
„Ich heiße Petrosilius Zwackelmann.
Merk dir das ein für alle Mal!“
„Sehr wohl, Zeprodilius Wackelzahn“, sagt Kasperl fröhlich.
„Machst du dich etwa über mich

lustig?“, schnaubt der Zauberer. „Na warte, zur Strafe verwandele ich dich in einen Affen!“
Er schnippt mit den Fingern. Schon hält er seinen Zauberstab in der Hand.
„Halt! Nicht!“, ruft Hotzenplotz. „Seppel verdreht deinen Namen doch nur, weil er so dumm ist!“
„Ach so?“ Zwackelmann lacht. Das Geschäft gefällt ihm.
„Abgemacht!“

Rätsel

Kasperl verdreht nur zu gerne den Namen des großen Zauberers. Kannst du seine Verdrehungen entschlüsseln?

1. Herr Schnackelmann
2. Zeprodilius Wackelzahn
3. Eprolisius Dackelschwanz

8. Gefangen!

Den ganzen Tag muss Kasperl Kartoffeln schälen.
Als es draußen endlich dunkel wird, klettert er zum Fenster hinaus. Leise schleicht er durch den Garten.
Gerade will er über den Zaun steigen, da reißt ihn etwas zurück.
Ängstlich blickt er sich um. Aber da ist niemand.
„Gleich nochmal“, denkt Kasperl.
Diesmal nimmt er Anlauf. Er macht einen Satz und wird zurückgeschleudert.
„Wer ist da?“, flüstert er.
Aber alles bleibt totenstill. Nur der Wald rauscht im Wind.

„Dann krieche ich eben unter dem Zaun durch“, denkt Kasperl.
Wieder wird er gepackt. Diesmal an den Füßen. Und damit nicht genug.
Er bekommt sogar eine Ohrfeige.
Vor Schreck schreit Kasperl auf.
Jetzt ist auch Petrosilius Zwackelmann wach.

„Sieh mal einer an!“,
ruft der Zauberer aus
seinem Turmfenster.
„Du willst ausreißen!
Aber aus meinem
Zauberschloss gibt
es keinen Weg hinaus.
Dafür habe ich gesorgt.
Geh wieder schlafen, du Dummkopf. “

Und was macht Seppel inzwischen?
Ach, dem geht es richtig schlecht.
Er muss die Räuberhöhle aufräumen.
So ein Saustall!
Als der Räuber Hotzenplotz von der
Arbeit kommt, muss er ihm aus den
Stiefeln helfen.

Dann soll er auch noch kochen. Jetzt sitzt er in einer Ecke und schaut dem Hotzenplotz beim Essen zu. Sein Magen knurrt. Aber bis auf eine Scheibe Brot bekommt er nichts ab. „Das war lecker!“, sagt der Räuber schließlich. „Nun könnte ich einen Kaffee vertragen.“ Er kramt die Kaffeemühle hervor und drückt sie Seppel in die Hand.

„Los, dreh die Kurbel!“, befiehlt er. *Alles neu macht der Mai* spielt da die Kaffeemühle. Dem Seppel kommen die Tränen.

Denn das ist schlimmer als alles, was er heute erlebt hat. „Was ist los mit dir?“, fragt Hotzenplotz. „Du siehst so traurig aus, Kasperl. Das mag ich nicht!“ Er steht auf und reißt Seppel die Zipfelmütze vom Kopf. „Damit gefällst du mir sowieso nicht!“ Der Räuber Hotzenplotz wirft die rote Mütze ins Feuer. Wenn das der Kasperl wüsste!

Rätsel

Der arme Seppel! Was muss er sonst noch alles für den Räuber tun?

machen

putzen

gießen

hacken

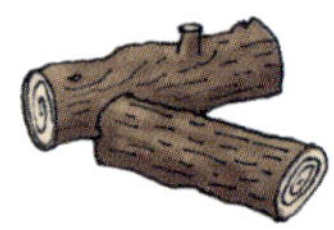

schleifen

backen

Verbinde die Bilder mit dem passenden Verb.

9. Drei Türen im Keller

Am nächsten Morgen kommt der große und böse Zauberer Petrosilius Zwackelmann zu Kasperl in die Küche.

„Hör zu“, sagt er. „Ich reise nach Buxtehude und komme erst abends zurück. Dann will ich Bratkartoffeln. Dafür musst du sechs Eimer Kartoffeln schälen und in Stücke schneiden. Mach dich gleich an die Arbeit.“

Der arme Kasperl schält und schält. Bis zum Mittag hat er drei Eimer geschafft.

„Erst die Hälfte“, stöhnt er. Da hört er ein Schluchzen.

Uh-chuchu-chuuuh!

Ist er gar nicht allein im Schloss?
Uh-chuchu-chuuuh!
Kasperl nimmt eine Laterne und folgt der traurigen Stimme.
Sie führt ihn in den Keller, einen Gang entlang und bis vor eine Tür.
An der Tür hängt ein Schild:
EINTRITT STRENG VERBOTEN!

Trotzdem tritt Kasperl ein. Aber was ist das? Gleich steht er vor der nächsten Tür. Auch hier hängt ein Schild.

EINTRITT STRENGSTENS VERBOTEN!!

Kasperl zögert. Aber da hört er es wieder.

Uh-chuchu-chuuuh!

Er fasst sich ein Herz und geht weiter. Schon nach ein paar Schritten steht er vor der dritten Tür:

EINTRITT ALLERSTRENGSTENS VERBOTEN!!!

„Ich kehre lieber um“ flüstert Kasperl.

Uh-chuchu-chuuuh!

Die Stimme ist jetzt ganz nah. Kasperl drückt die Klinke herunter und …

„Halt! Keinen Schritt weiter!“, ruft jemand.
Direkt vor Kasperls Füßen geht es steil hinab. Aus der Tiefe hört er ein Plätschern.
„Ich bin hier unten im Wasser. Siehst du mich?“
Kasperl legt sich flach auf den Boden und leuchtet mit der Laterne in die Grube. „Wer bist du? Und was machst du da unten?“, fragt er.

„Ich bin die Fee Amaryllis. Zwackelmann hat mich in eine Unke verzaubert. Er hält mich gefangen. Seit sieben Jahren sitze ich hier fest. Aber du kannst mich erlösen.“

„Wie denn?“, will Kasperl wissen.

„Auf der Hohen Heide wächst ein Feenkraut. Es leuchtet im Mondlicht. Kannst du mir das bitte holen, am besten gleich?“

„Das geht leider nicht. Ich bin hier auch gefangen“, seufzt Kasperl.

„Du musst nur ein Kleidungsstück im Schloss lassen. Deinen grünen Hut da zum Beispiel. Damit brichst du den Zauberbann.“

„So einfach ist das?", ruft Kasperl.
„Dann bist du frei", verspricht die Fee.
„Ist gut. Ich hole dir das Feenkraut."
Im Garten nimmt Kasperl den grünen Hut ab und klettert über den Zaun.
Nichts hält ihn diesmal zurück.
Niemand verpasst ihm eine Ohrfeige.
„Wozu so ein Seppel-Hut doch gut ist", seufzt er erleichtert.
Dann macht er sich auf den Weg zur Hohen Heide.

* Du musst

1. an der dicksten Unke vorbei,
2. durch den Wald hindurch bis zur vierten Tanne,
3. vorbei an einem Weidezaun,
4. über die zweite Brücke,
5. bis zu den drei Birken,
6. den Weg weiterlaufen,
7. am Ende rechts abbiegen und
8. weiter geradeaus bis zur Hohen Heide.

Rätsel

Hilf Kasperl und
finde den Weg zur Hohen Heide!*

10. Zauberei 

Als Petrosilius Zwackelmann nach Hause kommt, rennt er sofort in die Küche.

„Ich bin zurück aus Buxtehude! Ich habe Hunger! Wo bleiben meine Bratkar…?"

Pech und Schwefel, in der Küche sind weit und breit keine Bratkartoffeln zu sehen. Und auch kein Seppel. Wo steckt der nur?

Das ganze Schloss sucht der Zauberer nach ihm ab. Dann eilt er in den Garten.

„Pest und Hölle!" Er ballt die Fäuste. Direkt vor ihm liegt der grüne Hut.

„Na warte, hiermit zaubere ich dich zurück! Dann kannst du was erleben!"
Petrosilius Zwackelmann schnippt mit den Fingern. Schon hält er seinen Zauberstab in der Hand.
Er murmelt einen Zauberspruch.
Ein gewaltiger Krach ertönt. Eine Flamme schlägt hoch. Da steht Seppel vor dem Zauberer.
Unter seinem Arm klemmt ein großer schwarzer Stiefel.

„Wer bist du denn?“, schnaubt der große und böse Zauberer.
„Ich bin der Seppel“, antwortet Seppel.
„Unsinn, der Seppel sieht ganz anders aus“, sagt der Zauberer. „Dieser grüne Hut ist von ihm.“
Plötzlich geht Seppel ein Licht auf.
„Was grinst du so! Erklär mir sofort, was los ist. Sonst mache ich einen Käfer aus dir!“, droht Zwackelmann.
Schnell erzählt Seppel die ganze Geschichte.
„Wenn das so ist“, ruft Zwackelmann, „dann zaubere ich deinen Freund auch noch her. Gib mir einfach seine Zipfelmütze!“
„Ich hab sie aber nicht mehr“,

flüstert Seppel. „Der Hotzen-
plotz hat sie verbrannt.“
„Oh, dieser Dummkopf!“,
faucht Zwackelmann.
„Der kann was erleben!“
Sein Blick fällt auf den
schwarzen Stiefel in
Seppels Hand.
„Der gehört doch
Hotzenplotz!
Gib her!“
Er hebt seinen
Stab und murmelt
einen Zauberspruch.
Wieder kracht es. Wieder
schlägt eine Flamme hoch.
Dann steht der Räuber Hotzenplotz

vor ihnen – im Bademantel und auf Socken! Er versteht die Welt nicht mehr. Eben lag er noch in seiner Räuberhöhle. Jetzt ist er im Schlossgarten.
„Zwackelmann, alter Freund! Was machst du denn für Sachen?“ Hotzenplotz lacht.
„Du hast mir gar nicht den dummen Seppel verkauft, sondern den Kasperl. Und der ist jetzt ausgerissen!“, schimpft Zwackelmann.
„Ja, und? Warum zauberst du den Ausreißer nicht einfach wieder herbei? Das kannst du doch so gut“, sagt Hotzenplotz.
„Das geht nicht!“, ruft Zwackelmann.

„Weil du seine Mütze verbrannt hast, du Gimpel!“

„Ich bin kein Gimpel!“ Jetzt platzt auch Hotzenplotz der Kragen. „Nimm das sofort zurück!“

„Nichts da!“ Der Zauberer reißt die

Arme hoch. Schon wieder! Ein Krach, eine Flamme und ...

Da, wo gerade noch der Räuber stand, hockt jetzt ein echter, kleiner Gimpel. Er piepst ganz aufgeregt.

Zwackelmann sperrt ihn in einen Vogelkäfig.

„Und jetzt zu dir", raunt er Seppel zu. „Ich hoffe, du kannst Kartoffeln schälen?"

Seppel nickt schnell. Hauptsache, er wird nicht auch noch verzaubert.

Rätsel

Vor Wut ist Zwackelmann ganz blass geworden.
Hilf ihm, dass er wieder Farbe bekommt.

11. Die Dame ist eine Fee

Die Sonne geht gerade auf, als Kasperl von der Hohen Heide zurückkommt.
Er hat das Feenkraut gefunden.
Kasperl öffnet das Schlosstor und rennt durch den Garten. Er saust die Stufen zum Keller hinab. Dort reißt er eine Tür nach der anderen auf.
„Ich habe das Feenkraut!“, ruft er.
„Und jetzt?“
„Reich mir die Hand und hilf mir hinauf!“, sagt die Unke.
Da poltert es auf der Treppe. O weh, der Zauberer. Schnell legt sich Kasperl auf den Boden. Er packt die Unke und setzt sie neben sich.

„Jetzt berühr mich mit dem Feenkraut,
lieber Kasperl“,
flüstert sie.

Im gleichen Augenblick stürmt der große Zauberer Petrosilius Zwackelmann herbei.
„Her mit dem Feenkraut!“, ruft er und fuchtelt mit seinem Zauberstab.
Aber er kommt zu spät. Der Keller erstrahlt in einem goldenen Licht und neben Kasperl steht eine wunderschöne Fee.

Vor Schreck lässt Zwackelmann
seinen Zauberstab fallen.
Schnell will er ihn aufheben.
Doch er verliert das Gleichgewicht
und stürzt hinab in das
schwarze Wasser.

Wellen schlagen über dem Zauberer zusammen.
Dann ist es still. Mucksmäuschenstill.
Der böse Zauberer ist verschwunden.

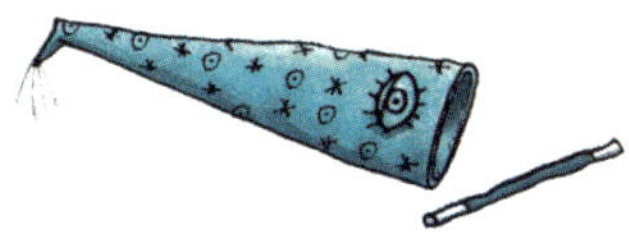

Seppel hat die halbe Nacht Kartoffeln geschält. Jetzt liegt er auf dem Strohsack in der Küche und schläft.
„He, Seppel! Aufwachen!“
Endlich öffnet er die Augen. „Kasperl!“, ruft er. Sofort ist er auf den Beinen.
Er schließt seinen Freund in die Arme.
„Ich denke, du bist in der Räuberhöhle!
Was tust du hier?“, fragt Kasperl.
Seppel antwortet nicht.

Er blickt staunend Richtung Tür.
„Wer ist denn die Dame?“
„Die Dame ist eine Fee“, sagt Kasperl.
„Die Fee Amaryllis!“
Die Fee zwinkert Seppel zu. Dann wird sie ernst. „Lasst uns schnell hinausgehen. Niemand soll sich mehr vor bösen Zauberkräften fürchten.“
Kasperl greift Seppels Hand. Aber Seppel reißt sich los.
„Der hier muss mit!“, ruft er und schnappt sich den Vogelkäfig.
„Nanu?“, meint Kasperl verwundert.
„Ein Piepmatz?“
„Jawohl“, sagt Seppel. „Ein ganz besonderer Piepmatz.“

Dann gehen sie in den Garten.
Die Fee hebt die Hände. Lautlos
stürzt das Zauberschloss ein. Nur
ein Haufen Steine bleibt übrig.

Rätsel

Was zaubert die Fee Amaryllis am Ende um die eingestürzten Schlossmauern? Ordne die Steine der Größe nach.

Antwort: Eine _ _ _ _ _ _ _ _ _ _ _.

12. Wunschring

„Vielen Dank, lieber Kasperl“, sagt die Fee Amaryllis. „Ich werde nie vergessen, was du für mich getan hast.“

Dann zieht sie einen goldenen Ring von ihrem Finger.

„Drei Wünsche erfüllt er dir. Du musst ihn nur drehen.“

Sie steckt Kasperl den Ring an. „Ich kehre ins Feenreich zurück. Viel Glück euch beiden!“

Seppel winkt ihr zum Abschied.

„Was für ein Glück, dass nun alles in Butter ist!“, ruft Kasperl auf dem Heimweg.

„Nicht ganz.“ Seppel schwenkt den

Vogelkäfig und erzählt Kasperl, was passiert ist.
Am Ende sagt er: „Der Räuber Hotzenplotz muss zur Polizei."
„Stimmt. Und noch was!", ruft Kasperl und bleibt stehen. „Ich wünsche mir eine Zipfelmütze!"
Er dreht den Ring. Schon sitzt die Mütze auf seinem Kopf.
„Sieht sie aus wie die alte?", fragt Kasperl.
„Genauso rot wie die alte", sagt Seppel. „Und jetzt komm endlich!"
„Ach du liebe Zeit, Seppel!"
„Was ist denn?"
„Wir haben das Allerwichtigste vergessen! Großmutters Kaffeemühle!"

„Herrje!“, stöhnt Seppel. „Wir müssen sie aus der Räuberhöhle holen!“

„Zum Glück nicht!“ Kasperl dreht den Ring. „Ich wünsche mir Großmutters Kaffeemühle herbei!“

Schon liegt sie neben dem Weg im Gras.

„Donnerwetter!“, ruft Seppel. „Und was machen wir mit dem dritten Wunsch?“

Kasperl hat da schon eine Idee.

Rätsel

Um wen oder was geht es im dritten Wunsch vom Kasperl? Löse das Kreuzworträtsel.

Lösung: _ _̈ _ _ _ _
1 2 3 4 5 6

_ _ _ _ _ _ _ _ _ _ _
7 8 9 10 11 12 13 14 15 16 17

13. Hinter Schloss und Riegel

Wachtmeister Dimpfelmoser sitzt an seinem Tisch und beißt in ein Käsebrot. Da stürmen Kasperl und Seppel herein.
Der Wachtmeister springt auf. Vor Schreck fällt ihm sein Käsebrot aus der Hand.
„Wo wart ihr denn so lange! Eure Großmutter ist schon ganz krank vor Sorge!“, schimpft er. „Konntet ihr nicht früher kommen?“
„Das ging leider nicht“, sagt Kasperl. „Aber dafür haben wir Ihnen den Räuber Hotzenplotz mitgebracht.“

Wachtmeister Dimpfelmoser schnappt nach Luft. „Was? Wie?“, ruft er. „Ihr wollt mich wohl für dumm verkaufen!“
Da stellt Seppel den Käfig auf den Schreibtisch.
Kasperl dreht den Ring und sogleich erfüllt sich auch der letzte Wunsch: Hotzenplotz ist wieder Hotzenplotz. Aber er versteht die Welt nicht mehr. Eben war er noch in seiner Räuberhöhle. Dann war er plötzlich im Schlossgarten. Und jetzt? Wo zum Teufel ist er?
„He, Sie!“, schimpft Dimpfelmoser. „Runter von meinem Schreibtisch! Was fällt Ihnen ein! Und wer sind Sie überhaupt?“

„Aber Herr Wachtmeister“, sagt Kasperl.
„Das ist doch der Räuber Hotzenplotz.
Wollen Sie ihn nicht verhaften?“
„Ein Räuber im Bademantel und auf
Socken!?“ Dimpfelmoser schüttelt
den Kopf.
Dann endlich erkennt er ihn doch
an seinem schwarzen Bart. Er
steigt auf den Stuhl und legt
dem Räuber Handschellen an.
„Was geschieht nun mit ihm?“,
fragt Kasperl.
Das weiß Dimpfelmoser genau.

Rätsel

Was passiert nun mit dem Räuber Hotzenplotz?
Fünf versteckte Wörter verraten es dir.
(Tipp: Lies von oben nach unten.)

C	D	M	W	L	F	G	R	U
M	E	Y	M	I	H	P	Z	J
S	R	U	U	G	I	U	G	K
T	Q	R	S	T	N	U	I	Q
E	C	Ä	S	T	T	Q	T	N
M	C	U	G	E	E	W	T	P
H	B	B	I	R	R	W	E	S
R	Z	E	W	I	R	L	R	D
T	O	R	Q	W	V	Q	A	S

14. Kaffee und Kuchen

Kasperl und Seppel sitzen in Großmutters Wohnzimmer.
Vor ihnen auf dem Tisch steht ein Blech mit Pflaumenkuchen.
„Aber Großmutter!“ Kasperl staunt.
„Ist heute denn Sonntag?“
„Bei uns schon, auch wenn anderswo Mittwoch ist“, sagt Großmutter und zieht ihren Mantel an. „Ich gehe schnell zur Nachbarin. Ich will mir ihre Kaffeemühle leihen.“
„Aber das musst du gar nicht!“
Schnell holt Kasperl die Kaffeemühle hervor.
Kurz darauf sitzt die Großmutter auf

der Bank vor dem Haus und dreht an der Kurbel. Kasperl und Seppel sitzen neben ihr.

Alles neu macht der Mai singen sie alle drei.

„Oh!“, seufzt Großmutter. „Wie schön!“ Dann kocht sie Kaffee.

Kasperl und Seppel essen Pflaumenkuchen, bis sie nicht mehr können. Sie sind so glücklich, dass sie mit keinem Menschen tauschen würden, selbst mit dem Kaiser von Konstantinopel nicht.

Rätsel

Womit schmeckt Großmutters Pflaumenkuchen
am allerbesten?
Schreibe die roten Buchstaben
der Reihenfolge nach auf.

Mit _ _ _ _ _ _ _ _ _ _ _ !

PFLAUMENKUCHEN-REZEPT

1. Mische
   300 g Mehl
   100 g Zucker
   125 g Butter
   1 Ei
   1 TL Backpulver
   1 Pck. Vanillezucker
   zu einem Krümelteig und
   verteile die Hälfte in
   einer Backform.
2. Wasche, entsteine und halbiere
   1 kg Pflaumen und verteile sie
   auf dem Krümelteig
3. Verteile den restlichen
   Krümelteig auf den Pflaumen
4. Backe alles bei 160° C
   45–50 min im Backofen.

Lösungen

9 Der echte Räuber Hotzenplotz ist der Räuber Nr. (2).

14 Sie wollen den Räuber Hotzenplotz FANGEN.

18 VORSICHT GOLD!, schreiben sie.

23 Er haut die Kiste in 21 Stücke. Eines davon hält er in der Hand.

27 Seppel landet beim Räuber Hotzenplotz und Kasperl in der Fallgrube.

34

Z	A	U	B	E	R	E	R

40
1. Herr Schnackelmann
2. Zeprodilius Wackelzahn
3. Eprolisius Dackelschwanz

46 Feuer machen, Stiefel putzen, Blumen gießen, Holz hacken, Messer schleifen, Kuchen backen

53

61

68 Die Fee Amaryllis zaubert eine DORNENHECKE um die eingestürzten Schlossmauern.

72 Im dritten Wunsch von Kasperl geht es um den RÄUBER HOTZENPLOTZ .

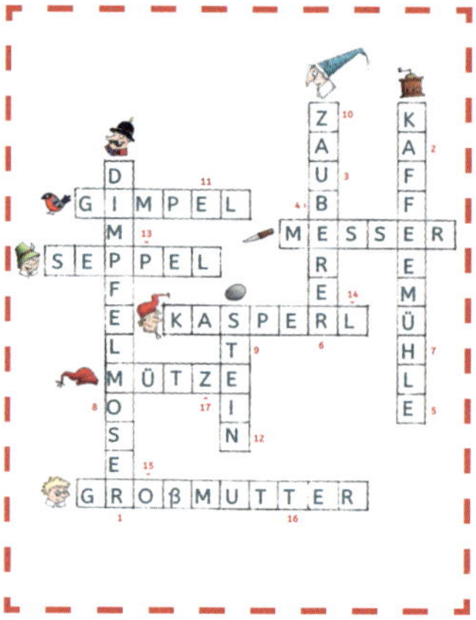

76 DER RÄUBER MUSS HINTER GITTER.

79 Mit SCHLAGSAHNE!